C. G. Heyne

Das vermeinte Grabmal Homers

Nach eine Skizze des Herrn Lechevalier gezeichnet von I.D. Fiorillo

C. G. Heyne

Das vermeinte Grabmal Homers
Nach eine Skizze des Herrn Lechevalier gezeichnet von I.D. Fiorillo

ISBN/EAN: 9783742890061

Hergestellt in Europa, USA, Kanada, Australien, Japan

Cover: Foto ©ninafisch / pixelio.de

Manufactured and distributed by brebook publishing software (www.brebook.com)

C. G. Heyne

Das vermeinte Grabmal Homers

Das vermeinte Grabmal Homers

nach einer Skizze

des Herrn Lechevalier

gezeichnet

von

Ioh. Dominik Fiorillo.

Erläutert

von

C. G. Heyne.

Mit fünf Kupfertafeln.

Leipzig, 1794.
in der Weidmannischen Buchhandlung.

Wenn man darinn überein kommt, dafs in der Litteratur und Kunft nicht alles nach dem unmittelbaren Nutzen abzuwägen ift: fo kann man fich, felbft in einer Zeit, wo ganz andre Gegenftände die Menfchen befchäftigen, immer noch ohne Vorwurf mit einem alten Kunftwerke eine Stunde unterhalten, um fo mehr, wenn fich daraus irgend eine Nahrung für Geift und Gefchmack ziehen läfst. Es ift wahr, die Sache hat keinen Bezug auf die Revolution und den Frankenkrieg, und fo fehlt es ihr an Intereffe der Zeit. Aber vielleicht wäre dies das Klügfte, was wir jetzt thun könnten, wenn wir uns lieber mit jeder andern Sache befchäftigten; denn in dem Sturme der Leidenfchaften dient alles, was gefagt und gefchrieben wird, wenig zum Frommen, es fey von uns oder von andern. Mäfsigung erzeugt Widerfpruch und Hafs; nur Partheygeift vereiniget Gefinnungen. Warum ahmen wir alfo nicht lieber den Diogenes nach, und wälzen unfer Fafs ganz in der Stille auf und nieder!

nieder! Alexander hätte den Philofophen gewifs nicht zu Korinth befucht, wenn diefer über den Zug gegen die Perfer, welcher eben damals in der Verfammlung auf dem Ifthmus befchloffen war, viel philofophirt hätte; und doch liefs fich, fowohl über Rechtmäfigkeit und Zweckmäfigkeit, als auch über die natürlichen Folgen diefes Kriegszugs viel philofophiren, und vorausfehen, dafs Griechenlands Knechtfchaft mit der Unterjochung Perfiens in genauem Verhältnifs ftand. Wenigftens hätte Alexander dem Philofophen nicht das Compliment gemacht, er würde wünfchen Diogenes zu feyn, wenn er nicht Alexander wäre; und ein Compliment von einem Alexander war doch immer etwas werth. Was würde mancher unfrer Gelehrten nicht darum gethan haben!

Während des Krieges der Ruffen mit den Türken, welcher mit dem Vergleich (1774) zu Foczany geendigt ward, kam eine Nachricht zum Vorfchein: „ein Graf Pafch von Krinen bey der ruffifchen Flotte habe auf der Infel Nio (das alte Ios) Homers Grabmal entdeckt; es fey ein Sarcophag vierzehn Fufs hoch, fieben lang, viere breit, aus fechs Steinen. Auf einer Seite

Seite fey eine Infchrift eingegraben, vermuthlich eben diejenige, die Herodot anführt, und die dahin nach feinem Tode fey gefetzt worden. Das Skelet fey fitzend angetroffen; vor ihm ein marmornes Gefäfs, als Schreibzeug; Schreibfeder und Dolch aus Marmor; und fchneidende Steine dazu als Meffer. Man glaube, Frerets Behauptung vom Alter des Schreibens dadurch beftätiget zu fehen."

Dafs die Urheber diefer Nachricht des Alterthums ein wenig unkundig waren, fällt in die Augen. Und mancher, der gern auf Koften des Schwachen den Helden fpielt, hätte Stoff fich fehr luftig zu machen. Es wäre gleichwohl verlohrne Zeit, fich dabey aufzuhalten. Bey dem allen blieb die Vermuthung: Etwas müffe doch zum Grunde liegen; Skelet, Schreibzeug, Feder, alles gefchenkt: fo könne doch wohl der Sarcophag wirklich vorhanden feyn; die Infchrift, dachte man, kann immer zu einer artigen Entdeckung leiten, da wirklich, obgleich lang nach Homer, die Einwohner zu Ios ihm eine Grabfchrift verfertiget haben follen; *)

*) Sie fteht im Leben Homers, das dem Herodot beygelegt wird. Kap. 12.

'Ενθάδε

und nach einem Epigramm des Paulus Silentiarius, *) der unter Iuſtinian lebte, glaubte man noch damals das Grabmal ſelbſt bey einem Felſen am Geſtade anzutreffen.

Wie Björnſtåhls Briefe erſchienen, kam eine neue Nachricht zum Vorſchein (II. Band. 1778. S. 169.) aus einem Briefe, im Iunius 1772. aus Livorno geſchrieben. „Nun muſs ich, fängt Hr. B. an, kurz von einer neuen und ſonderbaren Erſcheinung in der gelehrten Welt reden, die ich wohl nie in Livorno zu finden glaubte." Ob Livorno zur gelehrten Welt gehört, oder auſser derſelben liegt, kömmt hier nicht in Betrachtung. Genug Björnſtåhl meynt Homers Grab, das der Graf Paſch von Krinen auf der Inſel Ios, jetzt Nios**), gefunden, und

Ἐνθάδε τὴν ἱερὴν κεφαλὴν κατὰ γαῖα κάλυψεν,
Ἀνδρῶν ἡρώων κοσμήτορα θεῖον Ὅμηρον.

*) Anthol. Steph. p. 269. Brunck. Analecta T. III. p. 101. LXXX. Ἐνθάδε — Ὅμηρον κλεινὸς ἐπ' ἀγχιάλῳ τύμβος ἔχει σκοπέλῳ.

**) Dem Hrn. Lechevalier nennte man zu St. Petersburg Andros. Aber ſo wäre alle Veranlaſſung weggefallen, an ein Grabmal Homers zu denken. Hingegen Ios hatte den alten Ruf, daſs es Homers Grabmal beſitze. Schon aus Plinius iſt bekannt: Ios Homeri ſepulcro veneranda. Lib. IV. 5. 23.

und nach Livorno gebracht hatte, wo eben damals alle Steine in Futterale, wie er fagt, eingepackt angekommen waren. Er fah fie felbft zwar nicht; aber der Graf liefs ihn feine Papiere und Abfchriften lefen, aus denen Björnftähl einen Auszug für fich gemacht hatte, der fich unter feinen Papieren noch finden kann. Er bringt blos fo viel bey: auf dem Grabfteine ftehe die oben angeführte Grabfchrift. Was darauf folgt: „Ferner wird gefagt, dafs fein Vater Mentor war, f. f." könnte fcheinen, es fey der Inhalt einer andern Infchrift des Grabmals; allein, bey näherer Anficht ift das Folgende alles aus dem Leben Homers, das Herodot's Nahmen führt, entlehnt; wenn gleich Hr. B. weiter unten fagt; „in diefen Infchriften finden fich alle Buchftaben des griechifchen Alphabets, felbft Θ, Χ, Φ, ausgenommen Η und Ω, Homers Nahme ift ΟΜΙΡΟΣ gefchrieben." (Wäre er alt, fo müfste ΟΜΕΡΟΣ, oder vielmehr ΗΟΜΕΡΟΣ gefchrieben feyn). Hr. B. bringt hierauf, wie zu erwarten war, einige Zweifel wider das Alterthum der Infchriften vor, die ihm, wie es fcheint, in Abfchriften vorgelegt waren. Und faft läfst fich vermuthen, fie waren erdichtet. Denn der Graf Krinen fcheint ein wehig zum Wunderbaren geftimmt gewefen zu feyn; „er hatte Gräber mit Riefenknochen gefehen, war in der Stadt Ephefus gewefen, die jetzt ganz unter der Erde fteht, er ift durch ein Loch hinunter geftiegen, hat die Stadt mit Häufern, Buden, Gaffen, u. dergl. unbefchädiget ftehen gefunden; er hat Geld in einigen Kammern gefunden; viele kleine Götterbilder und Bildfäulen mit hieroglyphifchen, und einige mit griechifchen Schriftzügen mit fich genommen. Niemand, als er, weifs die Lage diefer Stadt; er hat auch das Loch wieder zugeftopft." — Das war ein böfer Einfall, wer kann es nun wieder finden! — „Graf Krinen war vor Schlangen in diefer unterirdifchen Stadt bange; darum hat er in der Eile die Tafchen vollgeftopft (auch die Bildfäulen mufsten hinein gehen), und fich gefchwind herauf gemacht. Er hat auch eine Sammlung von fchönen Cameen und Antiken." — Diefe möchten wir freylich lieber fehen; und es ift zum Verwundern, dafs man von diefem allen, fo wenig als von dem Grafen felbft, weiter etwas gehört hat; doch vielleicht veranlafst gegenwärtige Erzählung felbft, dafs noch Nachrichten von diefem antiquarifchen Abentheurer zum Vorfchein kommen. Wie-

Wieder auf Homers Grabmal zurück zu kommen: Graf Krinen hatte es damals dem Könige von Preußen angeboten, und wartete auf Antwort: „auf was für Art dieses Grabmal, nebst vielen andern Alterthümern, ob zu Lande oder zu Waſſer, überbracht werden ſollte." Vermuthlich hatte Friedrich wichtigere Geſchäfte, als an Alterthümer zu denken; oder, welches bey den Groſsen der Welt leider ſo oft alles entſcheidet, die Sache gelangte nicht durch den rechten Mann an ihn; nicht durch eine der Perſonen, die er für Kenner hielt; oder er ward gewarnt, und des Grafen Anträge verriethen vielleicht ſelbſt den Mann und die Sache: Genug Sansſouci hat die Ehre verlohren, das Grabmal Homers bey ſich zu haben; dagegen beſaſs es einen König, der würdig war, einen Homer als Sänger ſeiner Thaten zu finden. Hätte Friedrich gewuſst, daſs das erhabne Werk Achill zu Scyros beym Lycomed vorſtellt, ſo hätte er einen andern Grund für den Ankauf gehabt, um eine Begleitung zu der Familie Lycomeds zu Sansſouci zu erhalten.

Wie Graf Krinen zu der Entdeckung kam, wiſſen wir nicht genau. Nur ſo viel erzählt Hr. Björnſtåhl: „Léonhard Paſch von Krinen, war

in Preuffen von holländifchen Eltern gebohren;
er reifete nach der Levante, um dafelbft ge-
lehrte Entdeckungen zu machen; nahm hernach
auf der ruffifchen Flotte im mittelländifchen
Meere als Kapitain Dienfte; da er aber fo herrliche Entdeckungen gemacht hatte, nahm er Abfchied, um nicht verbunden zu feyn, feine Er-
findungen (das Gefundne) an Rufsland zu über-
laffen." Der gute Graf abndete alfo nicht, dafs
fein Fund, ftatt im Triumph in St. Petersburg
aufgeführt, und zum Panier der griechifchen Na-
tion aufgeftellt zu werden, einft fehr unbemerkt
in einem Privatgarten in St. Petersburg ftehen
und verwittern würde!

Lange hörte man von dem Wunder nichts
weiter; als fpäterhin fo viel: das Grabmal fey
nach Petersburg gefchafft worden. In Georgi's
Befchreibung von St. Petersburg (1790) las man
endlich (S. 130): Im gräflich Stroganowfchen
Sommerpalaft ftehe im Garten der merkwürdige
Sarcophag, „der, unter der Behauptung, es fey
das Grab Homers, im vorigen Türkenkriege
aus dem Archipelag dahin gebracht ward; der
Sarg, oder das Grab ift grofs, von weifsem gro-
ben Marmor, mit halb erhabenen kriegerifchen

Figu-

Figuren." Viel gewonnen war alfo nicht dabey, dafs ein altes Kunftwerk, das wenigftens durch Homers Nahmen Aufmerkfamkeit erwecken könnte, aus den Händen der Barbaren im Archipelagus nach St. Petersburg gekommen war! Es blieb einmal fo unbemerkt als das andre. Ob es dem Dichter felbft, wenn ihn das Gefchick für die jetzige Zeit aufbewahrt hätte, beffer gegangen feyn würde, wer kann das fagen!

Herr Lechevalier war auf einer Reife nach St. Petersburg auf diefes Denkmal aufmerkfam gemacht worden, und theilte uns nachher, bey feiner Durchreife durch Göttingen, die Skizze, die er davon genommen hatte, mit; er gab auch die nöthigen Erläuterungen in Gegenwart des Hrn. Prof. Heeren, und des Hrn. Fiorillo, welcher fich bereit finden liefs, eine Zeichnung zu einem Kupferftich darnach zu verfertigen. Hochachtung gegen Hrn. Lechevalier und mehrere Betrachtungen bewogen mich zum Verfprechen, das alte Kunftwerk zu erläutern; zumal da in öffentlichen Blättern fehr verfchiedene Nachrichten davon gegeben waren.

Die

* * *

Die auf dem Werke befindlichen Figuren sieht man auf dem Kupfer beſſer, als eine Beſchreibung ſie darſtellen könnte. Man glaubte Homer'n, von den Muſen und Parzen umgeben, darauf zu finden. *) Eine kurze Betrachtung erweckt gleich den Gedanken, daſs es Achill in Frauenkleidern ist, der ſich bey Lycomed, König in Scyros, verborgen aufhält, und durch den liſtigen Anſchlag des Ulyſs entdeckt wird. Das Werk gewinnt durch das Sujet, da dieſes auf den bis jetzt erhaltenen alten Werken ſelten vorkömmt.

Aus Dichtern und Mythographen **) iſt bekannt: Achill ward von ſeiner Mutter Thetis

zurück

---

*) Graf Krinen glaubte ſogar, wie Björnſtåhl erzählt, aus gewiſſen Kennzeichen und Figuren auf dem Grabmal entdeckt zu haben, daſs Homer ein Maler geweſen ſey; er ſah vermuthlich in den Händen der weiblichen Figuren Palette und Malergeräthe. Freylich hat man in den Schriften der Alten viel gefunden, was ſich nicht darinne erwarten liefs; auf den alten Kunſtwerken aber vielleicht doch noch mehr geſehen.

**) Wir wollen, wie es in dieſen Fällen überall geſchehen ſollte, auf die Quellen der Fabel zurück

zurück gehalten, damit er nicht mit den Achivern vor Troja gehen follte; denn fie hatte das Schick-

rück gehen. Ob in dem Cyprifchen Gedichte (τὰ Κύπρια) fchon die Erzählung befindlich war, läfst fich bezweifeln, da in dem Inhalt bey Proclus nichts davon enthalten ift (Bibliothek der alten Litteratur und Kunft: I. Inedita p. 25.). Hier landet dagegen Achill, auf der Rückkehr von dem Streifzug in Myfien, auf der Ihfel Scyros, und vermählt fich mit Deidamien. Beym Euftathius (zu Il. τ, 333. p. 1187.) glaubt man anfangs einen guten Fund zu thun; die kleine Ilias wird angeführt, und zwey Verfe daraus: ὁ δὲ τὴν μικρὰν Ἰλιάδα γράψας φησὶ τὸν Ἀχιλλῆα, ἐκ Τηλέφου τοῦ Μυσοῦ ἀναζευγνύντα, προσορμισθῆναι ἐκῶ. γράφει γὰρ οὕτω.

Πηλείδην δ' Ἀχιλῆα φέρε Σκῦρόν δε θύελλα,
ἔνθ' ὅγ' ἐς ἀργαλέον λιμέν' ἵκετο νυκτὸς ἐκείνης.

Bald fieht man aber, man lernt nichts Neues aus den Verfen; und allem Anfehen nach verwechfelt Euftath die kleine Ilias mit dem cyprifchen Gedichte; denn aus diefem können wohl eher jene Verfe entlehnt feyn. In der kleinen Ilias waren die fpätern Kriegshandlungen, aber nicht jene frühern Zeiten begriffen; es hätte denn der Sache beyläufig erwähnt feyn müffen, etwa da, wo Ulyfs den Neoptolem aus Scyros holt, und ihm des Vaters Waffen einhändiget (f. ebendaf. S. 36.). — Dafs indeffen die cyclifchen Dichter die Fabel wirklich behandelt hatten, wird ausdrücklich in den Scholien zum

Schickfal, das feiner dort wartete, von ihrem
Vater,

zum Homer Il. (τ) XIX. 338. gefagt; wo am
Ende fteht: ἡ ἱστορία παρὰ τοῖς κυκλικοῖς.

Homer felbft weifs nichts von der Dichtung,
dafs Achill von der Thetis verfteckt worden fey,
damit er nicht vor Troja gehen möchte. Ne-
ftor und Ulyfs kehren beym alten Peleus ein,
und erhalten ohne Schwierigkeit, dafs Achill
und Patroclus mit in den Krieg gehen dürfen:
IL. (λ) XI, 764 f. bis 789. Noch mehr! beym
Homer hat Achill Scyros feindfelig überfallen,
und Gefangne weggeführt (II. (ι.) IX, 663. 4.).
Ein wenig widerfprechend ift fo etwas freylich,
wenn Achill dort erzogen war, und nachher
die Infel erobert und plündert; indeffen das
Völkerrecht hat zu allen Zeiten feine Ausnah-
men gehabt. Vielleicht wollte Lycomed nicht
mit in den Krieg wider den Nationalconvent zu
Troja ziehen, der fich für den Paris erklärt
hatte. Das ganze damals bekannte Europa
nahm aber doch an der Rache Antheil; denn
das Beyfpiel war gefährlich: es konnte andern
auch begegnen, dafs ihnen die Frauen geraubt
wurden; und dazu läfst man es nicht gern
kommen. Eine Neutralität fand alfo nicht
Statt; Lycomed mufste mitgehen, oder fich
plündern laffen.

Bey dem allen lag doch im Homer fchon der
erfte Stoff der Fabel von Achill auf Scyros; denn
Achill fpricht in feinen Klagen über den Ver-
luft des Patroclus von feinem Sohne Neoptolem

Vater, dem alten Nereus, voraus erfahren. Ungern

ptolem in Scyros (Il. XIX, 326 f.), und in der Odyſſee (λ) XI, 505 f. verſichert Ulyſs dem Schatten Achills: er habe ſeinen Sohn Neoptolem zu Schiffe zum Heere der Achiven vor Troja gebracht. Wären auch weiter keine Sagen und Dichtererzählungen vorhanden geweſen: ſo konnten andre Dichter ſchon aus dieſem wenigen leicht das Uebrige heraus ſpinnen.

Bey den Mythologen ſind die vornehmſten Stellen, welche die Fabel enthalten, bey Apollodor III, 13, 8. Hygin Fab. 196. Tzetza Antihom. 173. ſ. daſ. Hr. Iacobs. Von den Dichtern ſind uns die Griechen, welche die Fabel ausgeführt hatten, alle verloren gangen. Mehrere Tragiker hatten ſie auf die Bühne gebracht; in den Stücken, welche von dem Chor die Mägdchen zu Scyros (Σκύριαι, nicht Σκύριοι) heiſsen. Unter dieſem Nahmen war ein Trauerſpiel vom Sophocles, und eins von Euripides vorhanden. In den Stücken, die die Nahmen Achill und Neoptolem führten, war vermuthlich die Fabel auch begriffen, und das ſatyriſche Drama, die Liebhaber Achills, vom Sophocles (Ἀχιλλέως Ἐραςαί, Σάτυροι), hatte eben daher ſeinen Stoff entlehnt. Auch für die Pantomime gab Achills Aufenthalt auf Scyros in Weibeskleidern ein gut Süjet ab (Lucian von der Pantomime 46.). — Selbſt in den Schulen der Rhetoren borgte man Aufgaben zu Declamationen

aus

Ungern liefs fich der junge Held von der Mutter nach der Infel Scyros bringen, *) und dort bey

aus diefer Fabel. Bey Libanius wird Achill als ein Feiger vorgeftellt. Andre hielten Reden, wie fie Achill bey feinem Abfchied aus Scyros hätte halten können. Sie können leicht fo gut gerathen feyn, als manche in unfern hiftorifchen Dramen, die überhaupt jenen rhetorifchen Uebungen ziemlich nahe kommen (f. Hermogenes Progymnasm. Biblioth. d. a. Litt. St. 9. S. 13.).

Hätten wir das kleine Gedichtchen noch ganz, das fich unter den Bucolifchen von Bion findet, Epithalamium auf Achill und Deidamia: fo wüfsten wir vermuthlich noch mehr Umftände von der Fabel. In dem Bruchftücke, das fich erhalten hat, find die erften Gefühle der Liebe mit fchöner Einfalt ausgedrückt.

Ein anderes ftärkeres Fragment hat fich erhalten: die Achilleis von Statius: es bricht im zweyten Buche mit der Abreife Achills aus Scyros ab, und enthält viele einzelne fchöne Dichterzüge.

*) Für die Dichter war dies eine gefundene Gelegenheit, die Seegottheiten und Seeungeheuer aufzuführen; und diefes verfäumt Statius bey der Reife der Thetis nicht. Aber auch Künftler fcheinen fie genutzt zu haben. Wenigftens ftelle ich mir diefes als das Sujet von

des

bey dem Könige Lycomedes unter den Hofdamen der königlichen Tochter Deidamia (damals hiefsen, fie noch Mägdchen) in Mägdchenkleidern verbergen. *) Er verrieth fich nachher
selbſt
des Scopas Figuren im Tempel des Neptuns im Circus Flaminius vor: Sed in maxima dignatione Cn. Domitii delubrum in circo Flaminio: Neptunus ipfe et Thetis atque Achilles, Nereides fupra delphinos ac cete et hippocampos fedentes; item Tritones chorusque Phorci et priftes ac multa alia marina, omnia eiusdem manus, praeclarum opus, etiam fi totius vitae fuiſſet.

*) Achill war blond (daher führte er auch, nach den Dichtern, den Nahmen Pyrrha), und fo konnte er defto leichter für ein Mägdchen gehen; und doch mufsten die Dichter dabey ein wenig in Verlegenheit gerathen. War er fehr jung nach Scyros gebracht: fo wollte das Uebrige nicht recht paſſen. Nach Statius hielt er fich im zwölften Iahre noch beym Chiron auf: Achill. II, 396. Beym Apollodor kömmt er im neunten Iahre nach Scyros, ἑπταέτης. Man könnte denken, Deidamia müfste mehr dabey gewonnen haben, wenn er ἑπταδεκαέτης war. Aber wo blieb dann die Wahrfcheinlichkeit, dafs er hätte für ein Mägdchen gehalten werden können! Die Dichter helfen fich fo: die Zurüftung zum Zuge vor Troja dauerte mehrere Iahre; fogar zehen giebt man an; und fo dachte man erft nachher, da das Heer in Aulis verfammelt

selbst durch seine etwas unbescheidne Liebe zur Deidamie. Das Geheimnifs muſs aber doch verwahrt geblieben ſeyn; denn die Griechen forſchten lange noch vergeblich nach Achills Aufenthalt, da das Orakel ergangen war, ohne Achill könnten ſie vor Troja nichts ausrichten. Endlich kam Ulyſs auf die Spur; auf welchem Wege, möchte ſchwer zu ſagen ſeyn. Statius nimmt den Wahrſager Calchas zu Hülfe. *) Wahr iſt es, die Wahrſager und Orakel ſind eine herrliche Aushülfe für Dichter und Geſchichtſchreiber, wo es an Nachricht von den geheimen Triebfedern der Begebenheiten fehlt; man hätte ſie nicht ſollen abkommen laſſen. Auch ſelbſt den Staatsmännern und Feldherren waren ſie oft von groſsem Nutzen, nach geſchehenen Dingen Grund anzugeben, warum der Ausgang den ſchönſten Entwürfen nicht entſprach: man hatte einer Weiſſagung, oder einem Götterausſpruch gefolgt, den man nicht recht verſtanden,

melt war, an Achill. So etwas giebt auch der Scholiaſt zu Il. IX, 664. an die Hand, und Tzetza in Antehom: 168. Ueberhaupt muſs man den Dichtern nie die Fackel der Zeitrechnung zunah halten. Mag alſo Achill immer im neunten Iahre nach Scyros gekommen ſeyn; er hatte dort noch Zeit zum Wachſen.

*) Achilleis 1. B. 504 f. 52. 3

standen, oder Apoll hatte sich selbst nicht recht verstanden. Genug die Schuld war abgewälzt. Ulyss ward nach Scyros abgesandt, und, da ihm Lycomed keine Anzeige zu geben wusste, so muste er selbst auf Mittel denken, hinter das Spiel zu kommen. Er liefs in einem Saal Geschenke für die königliche Tochter und für ihre Gespielinnen hinstellen, und zur Seite Waffen hinlegen; dann aufsen vor dem Palast Lärmen blasen, als rückten Feinde an. Die wirklichen Mägdchen liefen jede mit dem Putzstücke, das sie in Händen hatten, davon; Achill aber griff nach Schild und Speer.

Dieses ist im Kurzen die Erzählung. Wir wollen noch Einiges nach dem Statius beybringen, mit welchem unser Kunstwerk in manchem Einzelnen überein kömmt; aber nicht als wenn der Dichter und der Künstler einander vor Augen gehabt haben müfsten; wie man beym Laocoon schlofs, ohne auf das mögliche dritte zu fallen, dafs weder Künstler noch Dichter an einander gedacht, sondern beyde die Geschichte aus ältern Quellen geschöpfet hatten.

Von Aulis also aus reist Ulyss mit Diomed ab. Er landet auf Scyros, giebt vor, die Absicht ficht der Reife fey, die Ufer von Troja auszukundfchaften, und wird vom Könige wohl aufgenommen. Die Fremden werden bewirthet, und die königliche Tochter mit ihrem Gefolge fitzt mit an der Tafel. Ganz im Heldencoftume ift das zwar nicht; aber dem römifchen Dichter mufs man nicht alles fo genau nachwägen. Ulyfs unterfcheidet den Achill gar bald, fo fehr fich auch Deidamia Mühe giebt, ihren verkleideten Geliebten der Aufmerkfamkeit andrer zu entziehen. Ulyfs bemerket den aufrechten freyen Blick, die herumirrenden Augen. — Deidamia, bange für ihren Achill, erinnert ihn immer heimlich, er folle die Bruft bedecken, die Hände im Gewande halten, und die Schultern nicht entblöfen; nicht vom Lager aufftehen, nicht fo oft Wein fordern; fie macht ihm die Stirnbinde wieder fefte, und thut alles, damit Ulyfs nicht zur Gewifsheit kommen kann. Lycomed, der feinen Gäften gern eine recht ausgezeichnete Ehre erweifen will, verfpricht den andern Tag eine Feyerlichkeit anzuftellen, im Gefchmack der bacchifchen Orgien; fie beftand in einem Tanze der Iungfrauen im bacchifchen Anzug; hier verrieth fich Achill durch feine unweiblichen Bewegungen noch mehr. „Er hielt

hielt den Takt nicht, vergaſs die Hand zu geben, trat ſtark auf, verrückte ſich das Gewand, machte Unordnung im Tanz, und verdarb alles." Man kann ſich die Unruhe der ängſtlichen Deidamia dabey denken. Ulyſs hatte auf der Reiſe einen ganzen Vorrath von Putz, wie er zum Anzug für Bacchä gehört, mit ſich genommen: er läſst ihn in einen Saal im königlichen Palaſt bringen, und auseinander legen: Thyrſen, Handpauken, Kränze mit Bändern; auf einer andern Stelle lagen Waffen. Man muſs denken, daſs nach der Sitte der Zeit alles dieſes Gaſtgeſchenke ſeyn ſollten; der Anblick der glänzenden Waffen ſetzt den Achill auſser ſich, und er iſt ſchon dadurch verrathen. Zu eben der Zeit hört man eine Trompete, welche das Zeichen vom Anrücken feindlicher Völker giebt. Alles läuft auseinander; Achill allein ergreift die Waffen. Nunmehr ganz verrathen und entdeckt, giebt er ſich dem Lycomed zu erkennen, und bittet ihn um die Hand ſeiner Tochter. Der Vater giebt ſie zuſammen; und den andern Morgen reiſt Achill mit den Achiven ab.

Sobald

Sobald man die Erzählung durchgelaufen hat: fieht man für die Erklärung und Beftimmung der Figuren auf unferm Sarcophag keine grofse Schwierigkeiten. Die mittelfte Figur mit Schild und Spiefs ift Achill; eben wie die Trompete gehört wird, *) und er Speer und Schild ergriffen hat. So ift er auch auf den nachher anzuführenden alten Werken, auch in der Familie Lycomeds zu Sansfouci vorgeftellt.

Um den Achill ftehen mehrere weibliche Figuren; feine bisherigen Gefpielinnen; Spinnrocken mit Wolle umwunden erfcheinen in

*) — Exuens matris dolos
 Falfasque veftes, faffus eft armis virum.
 Seneca Troad. 214. und Statius II, 205.
 Iam clipeus breviorque manu confumitur hafta
 mira fides! „er, Achill, der einft gewohnt feyn wird, den grofsen Speer zu tragen, die Pelias hafta." — Der Dichter übertreibt ein wenig das Bild: Auf einmal tritt Achill als Held auf; er erfcheint allen gröfser; jetzt fcheint der Spiefs, den er in der Hand hält, zu klein, confumitur hafta, diminui videtur. Faft follte man glauben, wenn anders die Sculptur hier unbefchädiget ift, der Künftler hätte den Spiefs und Schild mit Fleifs fo kurz gemacht, als er auf der Zeichnung erfcheint. Doch da könnten wir leicht dem Künftler einen Witz beylegen, der in kein Kunftwerk gehört.

in den Händen von dreyen, *) aber welche unter ihnen wird die Deidamia feyn? Doch wohl die vor ihm Knieende; fie bittet und flehet, dafs er fie nicht verlaffen foll. **) Hinter ihr fteht zunächft eine Alte; auch diefe

---

*) Zwar waren jetzt die Iungfrauen nicht mit der Arbeit befchäftigt; der Künftler, wird man alfo fagen, hätte ihnen jeder irgend ein Stück vom hingeftellten weiblichen Schmuck in die Hände geben follen. Mit Hülfe des Statius könnte man Thyrfen daraus machen. Doch die Zeichnung giebt blos etwas Spindel- oder Spinnrokkenähnliches zu erkennen: und fo erhellt, dafs der Künftler die ältere Erzählung der cyclifchen Dichter vor fich gehabt hat. Denn nach den Scholien Homers an angef. St. hatte Ulyfs Körbe mit Webergeräthe im Vorzimmer hingeftellt; über diefe Körbe fielen die Mägdchen her, Achill griff nach den Waffen: — ὅπλα καὶ ταλάρους ἔξξιψαν σὺν ἰσουργικοῖς ἐργαλείοις ἔμπροσθεν τοῦ παρθενῶνος. αἱ μὲν οὖν κόραι ἐπὶ τοὺς ταλάρους ὥρμησαν. ὁ δὲ ἐπὶ τὰ ὅπλα.
Erweitert hat diefes der Schol. Lycophr. 277. ἀτράκτους καὶ ἠλακάτας καὶ ὅσα τοιαῦτα ἐργαλεῖα.

**) So erfcheint fie auch auf einem andern Kunftwerke, das nachher angeführt werden foll. Beym Statius entfernt fie fich in einem Winkel des Saals, und weint, da fie fieht, wie fich Achill fo verrathen hat. B. II, 211 f.

diese bestätiget es; sie muſs die nächste bey ihrem Zögling seyn, es ist die Amme der Deidamia.*) Auch sie scheint den Achill zu ermahnen, jene nicht zu verlassen. Zwischen innen ist der Marmor nicht deutlich; es ist etwas wie ein Korb gezeichnet; man kann sich eine Ara oder Basis denken, auf welcher er stehet. Es könnte freylich ein Korb mit dem weiblichen Schmuck seyn, welchen Ulyſs hingestellt hatte. Aber es sollte viel eher an dieser Stelle das Gewand der Amme herunter auf die Erde fallen. Hinter der knieenden Deidamia, und im Rücken einer sitzenden Gespielinn, steht der Krieger, welcher auf des Ulyſs Veranstaltung die Tuba bläſst, und das Kriegszeichen giebt, als sey ein Feind auf der Insel gelandet. Statius nennt ihn mit Nahmen, Agyrtes.**) Auf ihn folget weiter hin Ulyſs, der wegen seiner Mütze nicht zu verkennen ist; weniger glücklich ist Diomed ausgedrückt, der junge Held;

---

*) τροφός, nutrix, welche auch beym Statius von dem Liebesverständniſs weiſs I, 670. Vermuthlich ist sie die Nyſſa bey Bion v. 31.

**) — Cum grande tuba (sic iussus) Agyrtes Insonuit. —
Achill. II, 201. S. auch II, 50. 51. 145.

Held; vermuthlich hat hier das Relief durch die Zeit gelitten. *) Diomed begleitete den Ulyſs nach Scyros; beym Statius allein; nach Einigen auch Phönix, der alte Pflegvater Achills. **) Sollte dies wohl der Alte ſeyn, der

an

---

*) Beyde hatten ſonſt ihren beſtimmten Charakter: Ulyſs, aufser ſeinem Reiſehut oder Mütze, immer im Nachdenken, als ſänne er auf eine Liſt, auch wohl mit tiefliegenden Augen; Diomed, ein junger Krieger, verſtändig, offen, thätig. S. Philoſtrat. Iun. Icones. 1. p. 864.

**) Den Diomed nennt ausdrücklich Statius II, 23 f. und ſchon I, 538 f. Ulyſs und Diomeden auch Quintus von Smyrna VII, 244., wo ſie auch zum zweytenmale auf Scyros anlangen, um Neoptolem abzuholen. Ulyſs, Neſtor, und Palamed nennt Tzetza Antehom. 177. Doch dieſer ändert mehreres in dieſer Erzählung. Der Schol. Il. τ (XIX, 338.) aber nach den cycliſchen Dichtern, Ulyſs, Phönix und Neſtor; ſie waren erſt zum Peleus geſchickt, und da dieſer läugnete, daſs er etwas vom Achill wiſſe, begaben ſie ſich nach Scyros. Ganz anders Homer ſelbſt Il. (λ) XI, 765. Ulyſs hatte allerdings das gröſste Verdienſt bey der Sache; daher konnte er auch gewiſſermaſen alles, was nachher Achill ausgeführt hatte, als ſein Werk betrachten, und ſich zueignen. Ohne ihn wäre alles dies nicht geſchehen: Ergo opera illius mea ſunt — ſagt er im Streit

über

an dem andern Ende gegen über hinter der sitzenden weiblichen Figur steht. Diese beyden sitzenden Figuren könnte man für Töchter Lycomeds und Schweſtern der Deidamia halten; weil eben das Sitzen den höhern Stand anzeigt. Indeſſen ſagen die Dichter von mehrern Töchtern Lycomeds nicht, und, aufrichtig geſprochen, auf ſolche Deutungen von allen Nebenfiguren gebe ich nie viel.

In Rom ſind zwey erhabne Werke bekannt, welche die Fabel von Achill auf Scyros vorſtellen; eines in der Villa Panfili, das andre in der Villa di Belvedere zu Fraſcati. Vom letztern hat Winkelmann eine Zeichnung geliefert. *) Es iſt angenehm, dieſe mit unſerm Werke vergleichen zu können. Achill hat mit dem unſrigen Aehnlichkeit; auch dort knieet Deidamia vor ihm und flehet. Hinter Achill ſind fünf weibliche Figuren; eine mit einer

über Achills Waffen mit Ajax Met. XIII, 171. Me credite Lesbon — Et Scyron cepiſſe (wenn anders dieſes unſere Inſel iſt; allein Syros oder Syrie kann es auch nicht ſeyn; es lief wider das Metrum).

*) Mon. ined. vor der Prefazione als Anfangsleiſte.

einer Lyra, vermuthlich falfch ergänzt; Winkelmann klagt felbft, dafs durch den ergänzenden Künftler Einiges verändert fey. Auch Ulyfs und Diomed, der fein Schwerd zieht, ift noch von zwey Griechen begleitet; es finden fich auch noch einige Nebendinge dabey, ein Helm zu den Füfsen Achills, und ein Paar Amorn und Waffen.

Auf dem Werke in Villa Panfili foll die Vorftellung etwas verfchieden feyn; der weiblichen Figuren find dort neune. Wenn es alles Töchter Lycomeds feyn follen, fo fcheint es, man folgt dem Ausdrucke bey Philoftrat dem jüngern; denn diefer hat im Anfang feiner rhetorifchen Gemäldebefchreibungen auch eines: Achilles in Scyros; fpricht von mehrern Töchtern Lycomeds, und macht die Deidamia zur älteften. Man follte denken, der junge Achill würde bey feinem Alter eher die jüngfte vorgezogen haben. Hier geht aber alles gar fehr von dem Bekannten ab: die Infel ift fymbolifch als eine weibliche Figur unter einem Felfen vorgeftellt; vor einem Thurm liegt ein Gefilde, auf welchem Mägdchen Blumen pflücken; unter diefen ift Deidamia und Achill

in

in weiblichem Gewand; Ulyſs und Diomed nähern ſich; jener wirft Körbe und Spielzeuge für Mägdchen hin, nebſt Waffen, nach welchen Achill greift; indem hinter Ulyſs einer mit der Trompete ſtehet. Was nun folgt, ſollte ganz getrennt ſeyn; es iſt ein neues ganz von dem vorigen verſchiedenes Gemälde, der junge Pyrrhus, der bey den Heerden ſich aufhält, wie Phönix im Hafen von Scyros anlangt, und ihn vor Troja bringen will. Wie dies die Herausgeber nicht haben wahrnehmen können, iſt zu verwundern. Aber ſie dachten an die Erforderniſſe eines Gemäldes eben ſo wenig, als der Verfaſſer ſelbſt, welcher weder als Künſtler noch als Dichter ſeine Sujets dargeſtellt hat.

Im Muſeo Capitolino findet ſich *) ein rundes Werk aus Marmor, das zwar als Kunſtwerk kein groſses Verdienſt hat, aber wohl als ein Beleg für die Fabel dienen kann. Achills ganze Lebensperiode iſt darauf vorgeſtellt. Auch ſein Aufenthalt zu Scyros, die Ueberraſchung

---

*) Tom. IV. Fig. 17. Die Fabel des Werks findet ſich ſchon erklärt mit einem rohen Holzſchnitt bey Fabretti zur Tabula Iliaca im Syntagma de Columna Trajani p. 359.

fchung der Deidamia, und feine Abreife von Scyros: hier ift er noch in Weibskleidern mit den Waffen, fie läuft ihm nach, fafst ihn, und fucht ihn aufzuhalten. Defto komifcher ift eine wiederholte Vorftellung eben diefes Achills in Frauengewand, und vor ihm ein Flötenbläfer, ftatt eines Kriegers mit der Trompete.

Noch foll in der Villa Albani ein Achill in weiblichem Gewand, mitten unter Lycomeds Töchtern ftehen. *) Aber verwandt ift mit unferm Relief die Sammlung von Statuen, die fich zu Sansfouci befindet: Lycomed oder Achill bey der Deidamia; eine Reihe von zehen Figuren, von fechs, fünf und vier Fufs; von denen ehemals Winkelmann nicht günftig urtheilte **), aber in feiner Kritik gewifs

*) Le Baron de Riefch Obff. faites pendant un voyage en Italie (1782). Tom. II. p. 121. Da wir kein vollftändiges Verzeichnifs von der albanifchen Sammlung haben, fo wird die Glaubwürdigkeit der Notitz durch das Stillfchweigen andrer von diefem Werke nicht entkräftet.

**) Gefchichte der Kunft S. 383. in der Dresdner Ausgabe (nachher ift die Stelle ausgelaffen, auch

in

wifs zu weit gieng. *) Ein blofer Einfall des Künftlers, der die Stücke ergänzte, Lycomeds Familie daraus zu machen, konnte es nicht feyn; eine Veranlaffung mufste er haben; und diefe hätte Winkelmann leicht auffinden können: denn der junge Held in Weibskleidern mufste den modernen Künftler errathen laffen, was der alte Künftler vorgeftellt hatte. Ein Fehler ward darinn begangen, dafs man die Familie ein wenig zu zahlreich machte; der Patriarchenfegen gehört nicht in die Kunft, wenigftens nicht in die Bildnerey. Indeffen fand man die Figuren einmal beyfammen; fie wurden zu Frafcati ausgegraben; und es gieng, wie mit der Familie Niobe, und mit dem Toro Farnefe. Ietzt find von den zehen Figuren fieben jugendliche Lycomeds Töchter; eine ältliche ift die Mutter (wahrfcheinlich ift es

in der italiänifchen Ueberfetzung), und fchon vorher Ueber die Empfindung d. S. S. 19.

*) Vorzüglich hat ihn berichtiget der würdige Möhfen: De medicis equeftri dignitate ornatis, p. 145. Defcription et Explication — de la Collection du Roi de Prufle, von Oefterreich, pag. 57. Vergl. Befchreibung von Berlin und Potsdam III. B. S. 1226. Und beyläufig Büfching Reife nach Reckahn S. 161.

es die auf unserm Sarcophag befindliche Amme; diese paſst auch beſſer zum ganzen Spiele; sollte die Mutter nicht hellere Augen gehabt haben, um den Achilles unter den Mägdchen zu erkennen?) Noch ist Achill und Ulyſs. Lycomed selbst ist nicht dabey, wie Winkelmann vorgab; er hatte das Werk nicht gesehen. Aber Caylus sah es zu Paris, ehe es nach Sansſouci abgieng, und bestätiget zum Theil Winkelmanns Urtheil.*) Denn dieser sagt: alle äuſsere Theile, alle Köpfe, seyen ergänzt, und zwar

von

---

*) Histoire de l'Academie des Inſcriptions T. XXV. Mem. p. 322. Le Cardinal de Polignac avoit apporté de Rome un mauvais ouvrage dans ce même goût (de Niobé avec ſes filles) repréſentant Achille chés Deidamie. Nous avons eû le tems de l'examiner à Paris; il est aujourd'hui chés le Roi de Pruſſe. Der Künstler, der sie ergänzte, war Adam der ältere, ein bekannter Bildhauer. Als die Antiken, welche die Sammlung des Cardinals Polignac ausmachten, verkauft werden sollten, ließ man ein Recueil de Sculptures antiques Grecques et Romaines ans Licht treten, 1729. das Werk ist kein Meisterstück. Auf Tafel 36. findet ſich eine der Töchter Lycomeds; ihr ist eine Binde, Vitta, in die Hände gegeben; sie ist aber einer Pudicitia ähnlich. Nach Sansſouci ſcheint ſie nicht gekommen zu seyn.

von jungen Eleven der franzöſiſchen Academie zu Rom mit Modegeſichtern; Lycomed ſelbſt, vermuthlich meynte er Ulyſs, ſey nach dem Kopfe von Baron Stoſch ergänzt. Möhſen ſelbſt giebt zu: ein Paar Figuren ſeyen römiſche Arbeit.

Beym Plinius wird ein Gemälde vom **Athenion**, einem Künſtler, den er dem Nicias an die Seite ſetzt, angeführt, welches eben das Sujet ausführte, was unſer Sarcophag enthält; *) und ein anderes von **Polygnotus** zu Athen in einem Gebäude bey den Propyläen. **)

Mehrere neuere Künſtler haben den Achill auf Scyros vorgeſtellt; ein Held in Weibskleidern ladet zum Verſuch ein. Von Rubens, Laireſſens, der Angelica Kaufmann, Gemälden haben wir Kupfer, keines hat Sinn und Geiſt des Alterthums; ſo viele Verdienſte andrer Art ſie ſonſt haben können. Doch eine Ausführung von dergleichen neuen Behandlungen alter Fabeln müſsten wir von unſerm Hrn. Fiorillo erwarten.

Die

---

*) Plin. XXXV, 40, 29. Athenion Maronites, Glaucionis Corinthii filius — pinxit — item *Achillem virginis habitu occulsatum, Ulyſſe deprehendente.*

**) Pauſanias I, 22. p. 52.

Die Vorderſeite des Sarcophags ſchliefst ſich mit dem oben erwähnten Alten, deſſen Stellung in der Zeichnung zwar nicht ganz deutlich war; die Hälfte von ihm ſoll auf der ſchmalen Seite als Herme dargeſtellt ſeyn. Mit ihr geht das Relief auf das eine Seitenfeld über, welches ſchön gearbeitet ſeyn ſoll; es ſtellt den Chiron vor, der allem Anſehen nach den jungen Achill im Bogenſchieſ-ſen unterrichtet. *) Denn Achill iſt eben in der Stellung, als ſpanne er einen Bogen, und ziehe über der Schulter einen Pfeil aus dem Köcher. Daſs die Stellung, inſonderheit die Bewegung der rechten Hand hinter der Schulter etwas gezwungen ſey, fällt in die Augen, **) und iſt um deſto befremdlicher, da eben dieſe Seite beſſer als alles Uebrige gearbeitet ſeyn ſoll.

*) Völlig wie beym Pindar Nem. 3, 77. παῖς δὲ ἄθυρε μεγάλ' ἔργα χειρὶ θαμινὰ βραχυσίδαρον ἄκοντα βάλλων.

**) Hr. Fiorillo erinnerte mich an ein erhabnes Werk im Muſeo Clementino Tom. IV. tab. 42. wo Hercules faſt in ähnlicher Stellung ſtehet; allein er hat den Pfeil abgeſchoſſen, und hält den Arm noch ſo, wie er die Sehne ſchnellen ließ; die Biegung des Arms iſt auch natürlicher.

foll. (Glücklicher, deucht es mir, ift er auf dem oben gedachten runden Werke im Mufeo Capitolino vorgeftellt: er fitzt auf dem Centaur; eben wie auf den grofsen Centauren des Furietti nicht fo wohl der Amor als Achill gefeffen zu haben fcheint; *) und hält einen Pfeil. Vielleicht follte diefes eher ein Wurffpiefs feyn; Pfeil und Bogen hält Chiron felbft). Der Sarcophag ift vermuthlich an der Stelle befchädigt; Chiron fcheint das fo genannte Pedum zu halten, welches man gemeiniglich in feiner Hand fieht; worüber man Winkelmann nachfehen kann.

Achills Erziehung beym Chiron in der Höle am Berge Pelion in Theffalien, ift übrigens zu bekannt, als dafs es nöthig fcheinen könnte, mehr davon beyzubringen.**) Die Fabel

*) Und vermuthlich war der Chiron mit dem Achill zu Rom beym Plinius eben die Vorftellung: XXXVI, 4. 8. wo er auf dem Marsfeld in dem Ort der Volksverfammlung Chironem cum Achille unter den grofsen Werken anführt, über deren Meifter geftritten ward.

**) S. Apollod. III, 13, 6. und Notas. Ausführlich Statius II, 380 f. Die erfte Anlage ift im Homer fo fern, dafs Achill vom Chiron heilfame Pflanzen für Wunden kennen gelernt hat. *Il.* (λ) XI, 830. 1.

Fabel hängt auch, so wie einige Dichter, selbst Statius, sie behandeln, mit der Hauptvorstellung zusammen. Achill ward von der Thetis zum Chiron gebracht, und dort erzogen; und eben hier suchte sie ihn auf, wie der gefährliche Zeitpunkt sich näherte, und brachte ihn von dort nach Scyros.

Die andre schmale Seite gegen über stellt wieder Achillen im weiblichen Gewand vor; sitzend spielt er auf der Cithara; zwey weibliche Figuren sind ihm zur Seite; es verstehet sich, zwey seiner Gespielinnen; und wahrscheinlich eine davon ist Deidamia. Schön hat der Dichter Statius *) dieses genutzt: „Gleich vom Anfang wählte Achill sich Deidamien zur Gefährtin — ihr folget er auf dem Fuſse nach, sie begleitet er überall mit den Augen; bald schmiegt er sich an ihre Seite, und sie weicht nicht zurück; bald wirft er sie mit Blumen, die von ohngefähr aus dem Körbchen gefallen waren, bald berührt er sie scherzend mit dem Thyrsus. Iezt rührt er die sanften Saiten der Lyra, lehrt sie selbst spielen,

*) Achill. I, 566 f. 572 f.

führt ihr die Hand, und beugt die Finger auf die tönenden Saiten. Nun küſst er den ſingenden Mund, umarmt ſie, und lobt ſie unter tauſend Küſſen. Willig lernt ſie, vom Aeaciden und ſeinem Aufenthalt auf Pelion ſingen. Mit Erſtaunen wiederholt ſie ſeinen Nahmen und ſeine Thaten, und ſingt vom Achill, der unerkannt vor ihr ſtand. Dagegen lehrt ſie ihn, ſeine Glieder anſtändiger bewegen; zeigt ihm Fäden aus der gedrehten Wolle zu ziehen, macht ihm den Rocken wieder zurecht ſ. f. *) Man muſs ſich dabey jenes Lieblingsſüjets für Dichter und Künſtler erinnern: Achill, auf ſeiner Cithara ſpielend: wie ihn ſchon Vater Homer darſtellte; als die Abgeordneten des Lagers zu ihm kamen.

Noch iſt die hintere Seite zurück, welche ein Centaurengefecht vorſtellt; zwey Centauren mit einem Löwen und einer Löwin. So viel Ausdruck in den Figuren iſt; ſo

---

*) Und doch hatte ihn die Thetis ſchon ſo ſorgfältig belehrt, wie er ſich betragen ſollte: Inceſſum motumque docet fandique pudorem. — Stat. I, 331 f. — Iterumque monet rurſumque fatigat Blanda Thetis: Sic ergo gradus, ſic ora manusque, Nate, feres comitesque modis imitabere fictis.

so läfst fich doch gegen die Maafse der Figuren Erinnerung machen. Uebrigens konnten diese Nebenfiguren zur Ausfüllung und Ausfchmükkung, felbft in Beziehung zum Chiron, auf der Nebenfeite fehr gut angebracht werden.

Befremdlich ift, was Hr. Lechevalier verfichert, die Arbeit am Sarcophag fey fich nicht überall gleich. Die Hauptfeite ift höher Relief, und in keinem fo guten Stil, als das Uebrige, gearbeitet; mehr im Gefchmack der Sculptur der römifchen Sarcophagen. Es liefs fich alfo denken, dafs ein Römer, der auf der Infel lebte, den Sarcophag durch verfchiedne Hände könnte haben verfertigen laffen. Oder fand er ein griechifches Werk, das noch nicht vollendet war, und das er ergänzte? Doch hierüber, und über fo vieles andere, müfste die Anficht des Kunftwerks felbft, Entfcheidung geben. Angenehm follte es uns feyn, wenn ein Kunftkenner in St. Petersburg das Werk genau mit Zeichnung und Erklärung nach dem Original muftern, und auch die Maafse genauer, als wir es thun könnten, angeben wollte.

Von einer Infchrift des Sarcophags meldet Hr. Lechevalier nichts. Wir kommen alfo von

Homers Grabmal ganz zurück. Der Sarcophag kann die Aſche einer angeſehenen Perſon in ſich verwahrt haben, wahrſcheinlich erſt aus den Zeiten der Römer. — Doch dem mag ſeyn wie ihm will: auch die Hand voll Staub iſt nun längſt verwehet! Pulvis et umbra fumus!

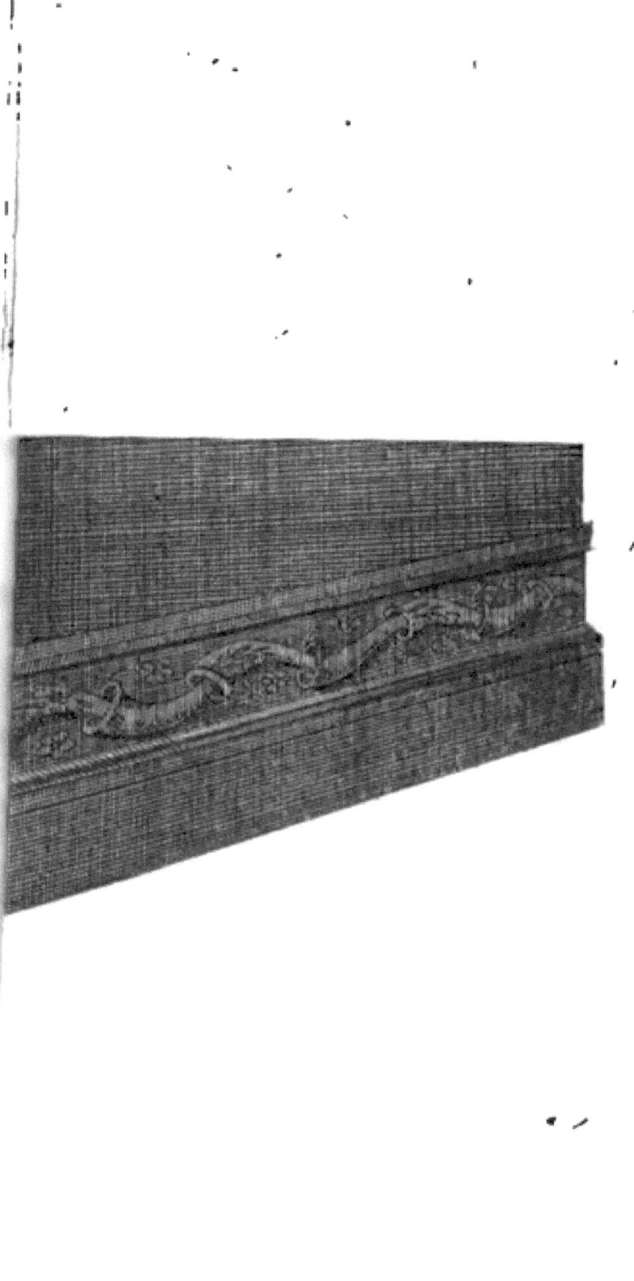